AF360330

COUPS BRILLANS

ET FINS DE PARTIES,

EXTRAITS D'UN MANUSCRIT

INTITULÉ:

ANALYSE DU JEU DE DAMES

A LA POLONAISE;

PAR BLONDE,

NATURALISTE,

DIT LE MARCHAND DE CURE-DENTS,

PRIX, *un franc cinquante centimes.*

A PARIS,

CHEZ

le Citoyen ROBERT, Café MANOURY.
le C CHEVALIER, carré de la Porte-Martin.
le C. BARBIER, rue Martin, vis-à-vis la rue aux Ours.
l'AUTEUR, maison du Café TABUIT, rue de la Ferronerie, n.º 153, et audit Café et dans les divers Cafés, fréquentés.

AN VI.

INTRODUCTION.

Les Amateurs du Jeu de Dames a la Po-lonaise, recevront, j'espère, avec plaisir, l'offre que je leur fais aujourd'hui d'un Recueil de coups brillans et singuliers, et de fins de parties qui ne sont point encore connus, et qui, par leurs belles combinaisons, méritent d'être publiés. Je leur propose en outre un nouveau moyen de calquer promptement une partie, sans être obligés d'avoir recours aux Chifres, dont la seule transposition peut opérer des erreurs considérables et même iné-vitables, par le peu d'habitude qu'on a de transcrire des coups et des fins de parties. C'est un Damier gravé *, sur lequel, pour

---

* Il se trouve en un Cahier de cent Exemplaires, aux Adresses désignées sur le titre de cet Ouvrage, pour un franc vingt-cinq centimes.

A

ij

distinguer les Pions noirs d'avec les blancs, les Dames d'avec les Pions, il suffit d'avoir une méthode à soi. Voici celle que j'ai adoptée, comme la plus simple, et en cela supérieure à toute autre : en marquant les Pions noirs par un rond noir plein, et les Dames noires par un cercle autour de ce rond noir ; les Pions blancs par un cercle, et les Dames blanches par un double cercle. Cette manière d'opérer délivre de toute incertitude, et donne nécessairement des résultats exacts.

Ce Recueil me donne occasion d'annoncer que je vais mettre au jour un Ouvrage qui sera intitulé : ANALYSE DU JEU DE DAMES A LA POLONAISE. Ce traité ne sera pas semblable à celui du C. MANOURY, qui a dit tout ce qu'il est possible de dire sur les Règles générales de ce jeu ; mais il lui servira de supplément. Il sera composé de parties entières , je veux dire, commencées et mises à fin par deux Joueurs de première force. Elles seront remplies d'observations qui feront connoître aux Joueurs foibles , les dangers de certaines positions , et dans lesquelles ils trouveront la seule manière de bien jouer le Pion. Un grand nombre de fins de parties et de coups très-beaux, viendront à l'appui de ces observations , qui, j'ose le dire, ne laisseront rien à désirer.

B L O N D E,
Naturaliste.

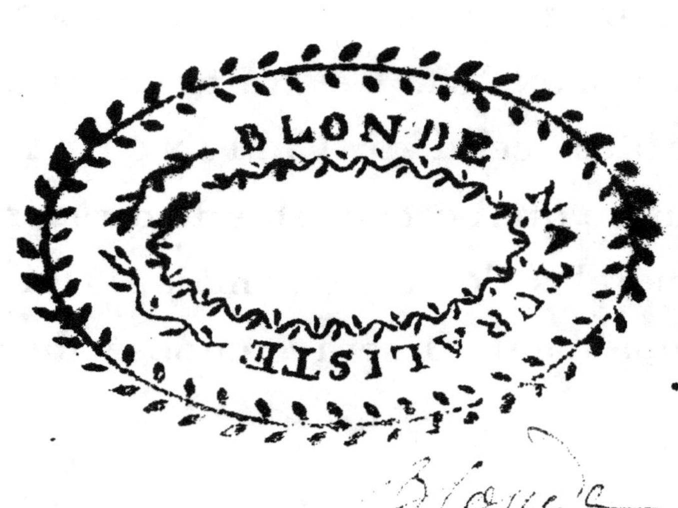

AVIS.

J'INVITE les Amateurs à suivre l'ordre
des Numéros, et à observer lorsqu'ils auront
à prendre, ainsi que la quantité de Pions
ou de Dames qu'ils auront à enlever, en
marquant les temps à mesure.

COUPS BRILLANS
ET FINS DE PARTIES,
EXTRAITS D'UN MANUSCRIT,
INTITULÉ:
ANALYSE DU JEU DE DAMES A LA POLONAISE.

N.º 1. *Position d'un Coup brillant, composé de neuf Noirs, dont une Dame, et de dix Blancs qui jouent et gagnent.*

*N. 3, 5, 6, 8 (dame), 13, 18, 19, 23, 29.

B. 17, 20, 21, 28, 30, 31, 32, 34, 35, 40.

EXÉCUTION.

LES BLANCS.	LES NOIRS.
1.er C. de 30 à 24.	de 19 à 39 prend 2.
2.e de 28 à 19 prend .	de 13 à 15 prend 2.
3.e de 17 à 11	de 6 à 28 prend 4.
4.e de 40 à 34	de 39 à 30 prend.
5.e de 35 à 2 prend 5	

Les Noirs ont trois Pions qui sont tenus par la Dame de manière que la partie est perdue sur le coup.

---

* L'N et le B qui sont l'une au commencement de la première ligne, l'autre à celui de la seconde de chaque position, signifient, LES NOIRS, LES BLANCS.

N.º 2. Belle Position de douze Noirs, et de douze Blancs qui gagnent par un Coup de Dames.

N. 1, 3, 6, 8, 9, 13, 14, 17, 18, 22, 23, 25.
B. 16, 24, 33, 34, 35, 38, 39, 42, 45, 47, 48, 50.

EXÉCUTION.

LES BLANCS.	LES NOIRS.
1.er C. de 24 à 19	de 13 à 24 prend.
2.e de 35 à 30	de 24 à 35 prend.
3.e de 45 à 40	de 35 à 44 prend.
4.e de 33 à 28	de 23 à 43 prend 2.
5.e de 16 à 11	de 44 à 33 prend.
6.e de 48 à 28 prend 2.	de 22 à 33 prend.
7.e de 11 à 2 prend 3.	de 14 à 20.

On voit que les noirs ont perdu sans pouvoir aller à Dame. Le dessin du coup est beau, ainsi que l'exécution, où on ne s'attend pas que, pendant l'intervalle du repos, le pion 16 jouera sur 11.

La faute des Noirs est d'avoir avancé de 10 à 14.

Fait par un Joueur de première force.

N°. 3.

N°. 5. *Superbe Position de treize Noirs, et douze blancs, qui gagnent par un Coup très-difficile par son Dessin, et les Temps.*

N. 10, 12, 13, 14, 15, 16, 18, 20, 21, 22, 26, 27, 35.

B. 25, 29, 31, 33, 34, 36, 37, 38, 42, 44, 47, 48.

EXÉCUTION.

LES BLANCS.	LES NOIRS.
1.er C. de 34 à 30	de 35 à 24 prend.
2.e de 38 à 32	de 27 à 38 prend.
3.e de 31 à 27	de 21 à 41 prend 2.
4.e de 42 à 37	de 41 à 32 prend.
5.e de 33 à 42 prend .	de 24 à 33 prend.
6.e de 42 à 38	de 32 à 43 prend.
7.e de 48 à 19 prend 5.	de 14 à 23 prend.
8.e de 25 à 5 prend 2.	et De. perdue pour les Noirs.

Le reste se voit.

Il étoit bien difficile pour les Noirs, de parer un pareil coup, attendu qu'il n'y a que le Pion 8 à jouer sur 12. Je vois que, sans ce coup-là, les Blancs auroient été obligé de perdre un Pion, pour se débarrasser d' coup d'Enchaînement forcé.

B

N.º 4. *Belle Position de douze Noirs, et de douze Blancs qui gagnent par plusieurs coups de temps de Repos, très-beaux.*

N. 2, 4, 8, 9, 10, 13, 14, 17, 18, 19, 22, 28.
B. 24, 25, 27, 30, 31, 34, 36, 37, 38, 39, 46, 49.

EXÉCUTION.

LES BLANCS.	LES NOIRS.
1.er C. de 25 à 20	de 14 à 25 prend.
2.e de 27 à 21	de 17 à 26 prend.
3.e de 34 à 29	de 25 à 41 prend 4.
4.e de 36 à 47 prend .	de 26 à 37 prend.
5.e de 47 à 41	de 19 à 30 prend.
6.e de 41 à 5 prend 6.	de 30 à 35.

Perdu pr les noirs. Il faut avancer le Pion 49 à 44 ; et le coup après, la Dame 5 sur la case 28. En cas qu'on joue le Pion noir 22 à 27, la partie est forcée perdue.

La disposition du coup est le Pion blanc 43 avancé sur la case 38, et le noir 23 à 28. Je vois souvent avec peine jouer le Pion 3, dit le Pion Savant, ce qui ôte les moyens de faire des coups, ou des UNE pour UNE. Il est la clef du jeu.

Comme on le voit, il fait perdre la partie.

Nº. 5. *Position de 9 à 9, combinée de manière que les Blancs gagnent juste par les temps. (Aux Blancs à jouer.)*

N. 2, 3, 5, 7, 10, 14, 15, 16, 26.

B. 18, 24, 27, 28, 29, 30, 32, 33, 48.

EXECUTION.

LES BLANCS.	LES NOIRS.
1.er C. de 18 à 13	de 14 à 20.
2.e de 13 à 9	de 3 à 14 prend.
3.e de 30 à 25	de 2 à 8.
4.e de 28 à 22	de 8 à 12.
5.e de 22 à 17	de 12 à 21 prend.
6.e de 33 à 28	de 7 à 12.
7.e de 28 à 22	de 12 à 17.
8.e de 22 à 11 prend. .	de 16 à 7 prend.
9.e de 27 à 16 prend. .	de 7 à 12.
10.e de 16 à 11	de 12 à 18.
11.e de 11 à 7	de 18 à 23.
12.e de 29 à 18 prend .	de 20 à 29 prend.
13.e de 7 à 2	de 29 à 34.
14.e de 32 à 27	de 26 à 31.

On prend de manière que les Noirs ne peuvent aller à Dame sans faire des sacrifices;

et lorsque les Blancs sont parvenus à Dame, la perte des Noirs est décidée. Cette fin de partie est d'une belle instruction pour d'autres positions à gagner par les temps.

Cette partie est gagnée forcée.

De 9 à 9.

N.º 6. *Belle POSITION, gagnée par les Temps.*
(*Aux Blancs à jouer.*)

N. 1, 3, 6, 7, 9, 13, 15, 16, 36.
B. 17, 18, 22, 24, 25, 34, 37, 44, 47.

EXÉCUTION.

LES BLANCS.	LES NOIRS.
1.er C. de 47 à 41	de 36 à 47 P. et à d.e
2.e de 17 à 12	de 47 à 20 prend.
3.e de 25 à 14 prend .	de 9 à 20 prend.
4.e de 18 à 9 prend .	de 7 à 27 prend 2.
5.e de 9 à 4 à Dame.	de 3 à 8.

Perdu pour les Noirs, attendu que la Dame prend, et que les 4 Pions sont barrés par la Dame.

Cette fin de partie est intéressante, vu qu'elle peut apprendre à saisir les temps dans différentes positions semblables.

Positions de première force.

N.º 7. Position d'un Coup surprenant de huit Noirs et de huit Blancs, chacun ayant une Dame. (Les Blancs jouent.)

N. 4 (Dame.), 7, 13, 14, 17, 18, 21, 24.

B. 15, 25, 28, 31, 32, 38, 41, 48 (Dame.).

EXÉCUTION.

LES BLANCS.	LES NOIRS.
1.er C. de 25 à 20	de 14 à 25 prend.
2.e de 28 à 23	de 18 à 29 prend.
3.e de 32 à 27	de 21 à 43 prend 2.
4.e de 48 à 33 prend 5.	de 4 à 47 prend 2.
5.e de 33 à 24 prend .	de 47 à 20 prend.
6.e de 15 à 24 prend .	Perdue.

La beauté du coup est dans la manière de prendre, et de saisir le temps qu'il faut pour gagner, en portant la Dame blanche à 33, lorsque la Dame noire 4 en prend deux à 47. La blanche termine le coup à 24.

Par le citoyen LA MONTAGNE.

Nº. 8. POSITION DES TRIANGLES,

composée de 10 Noirs, et de 9 Blancs qui jouent et gagnent au quatrième Temps. Les Noirs ont avancé de 30 à 35.

N. 1 , 2 , 7 , 10 , 14 , 16 , 20 , 21 , 26 , 35.
B. 13 , 19 , 23 , 27 , 32 , 37 , 39 , 40 , 48.

EXECUTION.

LES BLANCS.	LES NOIRS.
1.er C. de 13 à 9	de 35 à 33 prend 2.
2.e de 23 à 18	de 14 à 12 prend 2.
3.e de 37 à 31	de 26 à 28 prend 2.
4.e de 9 à 4	de 21 à 32 prend.
5.e de 4 à 31 la Dame en prend 5.	

En marquant les temps, je laisse aux Amateurs à achever la partie, attendu que le Pion blanc 48 tient le Pion 28. Ainsi la partie est perdue forcée.

Coup fait par un Juif de Turin (Première force.).

N.º 9. *POSITION* du combat de 2 *Dames* contre 9 *Pions.*

B A T A I L L O N   C A R R É.

9 *Noirs contre* 6 *Blancs, y compris deux Dames, qui gagnent les Noirs, en les formant en Bataillon.* (les Blancs jouent).

N. 6, 8, 12, 13, 18, 19, 23, 30, 31.
B. 16, 32, 38, 39, 47 [Dame.], 49 [Dame].

E X É C U T I O N.

LES BLANCS.	LES NOIRS.
1.ᵉʳ C. de 16 à 11	de 6 à 17 prend.
2.ᵉ de 32 à 27	de 31 à 22 prend.
3.ᵉ de 39 à 34	de 30 à 39 prend.
4.ᵉ de 38 à 33	de 39 à 28 prend.
5.ᵉ de 47 à 20	P. forcé pr les N.

Il ne faut que tenir la ligne de 47 à 15, ou de 49 à 16 lors des mouvemens que les Noirs feront. Cette position peut servir de leçon pour renvoyer à propos et gagner des Temps dans plusieurs parties.

Ce qu'il y a de plaisant, c'est de voir deux Dames soumettre neuf Cavaliers, ce qui n'est pas sans exemple.

Par le citoyen DUFOUR.

N.º 10. *Suite d'une Position, dite du Marchand de Bois, composée de 9 Noirs, et de 9 Blancs qui jouent et gagnent, et forcée perdue pour les Noirs.*

N. 9, 10, 12, 13, 16, 17, 18, 19, 22.

B. 25, 26, 27, 28, 31, 33, 36, 38, 43.

EXÉCUTION.

LES BLANCS.	LES NOIRS.
1.er C. de 25 à 20	de 10 à 15.
2.e de 43 à 39	de 15 à 24 prend.
3.e de 26 à 21	de 17 à 37 prend 2.
4.e de 28 à 8 prend 2.	de 13 à 2 prend.
5.e de 38 à 32	de 37 à 28 prend.
6.e de 33 à 4 prend 3.	à Dame.

De manière que dans cette position, les Noirs ont perdu forcé de telle façon qu'elles jouent. J'invite les Amateurs à la jouer dans toutes ces parties. Je démontrerai en grand, dans l'ouvrage que je me propose de donner incessamment au Pnblic, à éviter les mauvaises positions, et à prendre les bonnes, par les Temps joués juste.

Nº. 11.

Nº. 11. ONZE BLANCS. ONZE NOIRS.

Position d'un double coup de Dames, difficile à trouver. Les Blancs jouent et gagnent.

N. 1, 4, 8, 9, 10, 13, 14, 15, 26, 31, 36.

B. 11, 23, 24, 25, 29, 33, 37, 38, 39, 41, 47.

Les Noirs ont avancé de 27 à 31.

EXÉCUTION.

LES BLANCS.	LES NOIRS.
1.er C. de 23 à 18	de 31 à 42 prend.
2.e de 29 à 23	de 13 à 22 prend.
3.e de 11 à 7	de 1 à 12 prend.
4.e de 23 à 19	de 14 à 23 prend.
5.e de 33 à 29	de 23 à 32 prend 3.
6.e de 47 à 7 prend 4.	de 36 à 47 p. et à D.
7.e de 7 à 2 Dame. .	de 47 à 20 prend.
8.e de 25 à 12 prend 3.	de 10 à 14.

Les Noirs ont perdu forcé, attendu que le Pion blanc 12 va à Dame, ou on porte la Dame sur 13, de manière que les Noirs feront des sacrifices, et perdront.

Ce coup a été fait par un Joueur de première force.

C

N°. 12.   DIX BLANCS DIX NOIRS.

*POSITION d'un double enchaînement où les Noirs
ont perdu sur le coup.*

N. 2 , 7 , 12 , 17 , 18 , 19 , 22 , 24 , 29 , 36.
B. 27 , 28 , 31 , 33 , 35 , 37 38 , 39 , 48 , 49.

Les Blancs ont avancé de 32 à 28 et les Noirs de 13 à 19.
(Les Blancs à jouer).

EXÉCUTION.

LES BLANCS.	LES NOIRS.
1.er C. de 28 à 23	de 19 à 28 prend.
2.e de 38 à 32	de 29 à 38 prend.
3.e de 32 à 23 prend .	de 18 à 29 prend.
4.e de 27 à 18 prend .	de 12 à 23 prend.
5.e de 48 à 43	de 36 à 27 prend.
6.e de 43 à 1 prend 4	à Dame.

Les Noirs ne peuvent plus jouer sans
perdre. Cette position de double enchaînement est toujours mauvaise, attendu qu'il
est rare de se débarrasser sans perdre de
Pions et fort souvent la partie. C'est connu :
les Pions portés sur les câses 31 et 36 , par
un temps pour temps, font souvent perdre.

Ce coup a été fait par un Joueur de première force.

Nº. 13. *Position de dix Noirs, et de dix Blancs qui gagnent par un coup de Dame artistement dessiné. (Les Blancs commencent à jouer.).*

N. 2, 5, 6, 7, 8, 9, 10, 14, 16, 36.

B. 17, 24, 28, 29, 34, 37, 38, 39, 40, 47.

EXÉCUTION.

LES BLANCS.	LES NOIRS.
1.er C. de 17 à 11	de 6 à 17 prend.
2.e de 24 à 20	de 14 à 25 prend.
3.e de 28 à 22 . , . .	de 17 à 28 prend.
4.e de 29 à 23	de 28 à 19 prend.
5.e de 37 à 31	de 36 à 27 prend.
6.e de 38 à 32	de 27 à 38 prend.
7.e de 39 à 33	de 38 à 29 prend.
8.e de 34 à 1 prend	

5 et va à dame, en marquant les temps.

Le Blanc 22 a avancé à 17, et le Noir 1 à 7, ce qui forme le coup.

Quoiqu'il en reste cinq des Noirs, ils ont perdu.

N.º 14. POSITION *de 3 Blancs qui jouent et gagnent contre 2 Noirs par les Temps.*

N. 20, 37.

B. 8, 19, 38.

EXÉCUTION.

LES BLANCS.	LES NOIRS.
1.er C. de 19 à 14	de 20 à 9 prend.
2.e de 38 à 32	de 37 à 28 prend.
3.e de 8 à 3 Dame. .	de 9 à 13.
4.e de 3 à 20	de 13 à 18.
5.e de 20 à 15	de 28 à 32.
6.e de 15 à 4	de 18 à 23.
7.e de 4 à 15	de 23 à 28.
8.e de 15 à 42	perdu pour les noirs

On voit que cette fin de partie exige bien de la conduite pour gagner les Temps qui font toute la combinaison de ce jeu.

Fin de partie de première force.

N.º 15. *Belle Position de trois Pions noirs, contre une Dame blanche qui joue et gagne par les Temps.*

N. 13 , 18 , 19.

B. 50 (Dame).

EXÉCUTION.

LES BLANCS.	LES NOIRS.
1.ᵉʳ C. de 50 à 33	de 19 à 23.
2.ᵉ de 33 à 11	de 13 à 19.
3.ᵉ de 11 à 33	de 18 à 22.
4.ᵉ de 33 à 17	de 19 à 24.
5.ᵉ de 17 à 8	de 24 à 29.
6.ᵉ de 8 à 12	de 23 à 28.
7.ᵉ de 12 à 34 prend .	de 28 à 32.
8.ᵉ de 34 à 29	de 32 à 37.
9.ᵉ de 29 à 47 perdu.	

Si on joue de 18 à 23, on porte la Dame à 15, et on ne peut avancer que de 13 à 18, et la Dame à 33.

Belle fin de partie

N.º 16. Autre fin de Partie : Un Noir contre 3 Blancs qui jouent et gagnent.

N. 3o.

B. 14, 32, 47.

EXÉCUTION.

LES BLANCS.	LES NOIRS.
1:er C. de 14 à 9	de 30 à 34.
2.e de 9 à 3 Dame .	de 34 à 39.
3.e de 3 à 25	de 39 à 44.
4.e de 25 à 39	de 44 à 33 prend.
5.e de 32 à 28	de 33 à 22 prend.
6.e de 47 à 42	de 22 à 28.
7.e de 42 à 38	Perdu.

Fin de Partie intéressante par sa position.

N.ᵉ 17. Position de 3 Blancs qui gagnent contre 2 Noirs.

N. 21, 36.

B. 18, 28, 47.

EXÉCUTION.

LES BLANCS.	LES NOIRS.
1.ᵉʳ C. de 18 à 12	de 21 à 27.
2.ᵉ de 12 à 7	de 27 à 31.
3.ᵉ de 7 à 1 Dame .	de 31 à 37.
4.ᵉ de 1 à 29	de 37 à 42.
5.ᵉ de 47 à 38 prend .	de 36 à 41.
6.ᵉ de 38 à 33	de 41 à 46 Dame.
7.ᵉ de 29 à 23	de 46 à 41.

Perdu des deux côtés où on dame.

Cette fin de partie est de **COMBET** (première force).

N.º 18. *POSITION intéressante de 3 Noirs contre 3 Blancs qui jouent et gagnent.*

N. 6 , 18 , 23.

B. 21 , 27 , 39.

EXÉCUTION.

LES BLANCS.	LES NOIRS.
1.er C. de 39 à 33 . . . . . de 6 à 11.
2.e de 33 à 28 . . . . . de 23 à 32 prend.
3.e de 27 à 38 prend . de 18 à 22.
4.e de 21 à 17 . . . . . de 22 à 27.
5.e de 17 à 6 prend . de 27 à 31.
6.e de 6 à 1 Dame . de 31 à 36.
7.e de 1 à 23 . . . . . perdu pour les noirs

N.º 19.

N°. 19. Position de trois pions blancs qui gagnent,
contre un Noir.

N. 28.

B. 14, 26, 35.

EXÉCUTION.

LES BLANCS.	LES NOIRS.
1.er C. de 14 à 10	de 28 à 32.
2.e de 10 à 4 Dame .	de 32 à 38.
3.e de 4 à 10 . . , .	de 38 à 43.
4.e de 10 à 28	de 43 à 49 ou à 48.

Les Noirs ont perdu de tel côté qu'ils dament.

Cette fin de partie est intéressante.

Par le C. BERTRAND.

———

Nº. 20. *POSITION de huit Noirs et de huit blancs qui gagnent par la position et par les Temps.*

N. 4, 8, 9, 14, 16, 19, 21, 26.
B. 18, 27, 28, 31, 32, 34, 37, 49.
EXÉCUTION.

LES BLANCS.	LES NOIRS.
1.er C. de 28 à 22	de 19 à 24.
2.e de 18 à 13	de 8 à 19 prend.
3.e de 22 à 17	de 21 à 12 prend.
4.e de 34 à 29	de 24 à 33 prend.
5e. de 32 à 28	de 33 à 22 prend.
6.e de 27 à 7 prend 2 .	de 19 à 23.
7.e de 7 à 2	de 23 à 29.

Les Noirs ont perdu forcé dans cette position. On voit que trois Pions sont tenus par la Dame, et les trois autres de même. Cette position est très-intéressante et instructive.

N.º 20. *POSITION de 3 Noirs, et de 3 Blancs*
qui jouent et gagnent.

N. 6, 15, 36.

B. 9, 24 30.

EXÉCUTION.

LES BLANCS.   LES NOIRS.

1.er C. de 9 à 3 . . . . . de 15 à 20.
2.e   de 24 à 15 prend . de 36 à 41.
3.e   de 3 à 14 . . . . de 41 à 47.
4.e   de 14 à 5 . . . . de 47 à 36.
5.e   de 5 à 41 dame. . de 36 à 47 prend.
6e.   de 30 à 24 . . . . de 47 à 20 prend.
7.e   de 15 à 24 . . . . de 6 à 11.

Les Noirs ont perdu, attendu que le Pion
blanc a le temps pour aller à dame, et a le
coup sur le Noir.

Cette fin de partie est instructive.

N.º 22. *POSITION de deux Noirs, dont une Dame,*
et de quatre Blancs qui jouent, et gagnent

N. 35, 48 (Dame).

B. 6, 7, 44, 49.

EXÉCUTION.

LES BLANCS.	LES NOIRS.
1.er C. de 6 à 1	de 28 à 50 prend.
2.e de 1 à 6	de 50 à 45.
3e. de 7 à 1	de 35 à 40.
4.e de 6 à 50	de 40 à 44.
5.e de 50 à 22 prend .	de 45 à 50.
6.e de 1 à 6	perdu pr les Noirs.

Cette fin de partie est d'instruction pour les personnes d'une médiocre force. Elle se représente souvent, mais d'une manière variée.

N.º 23. *Position d'un Coup de Remise de sept Noirs et de six Blancs, qui remettent la partie sur le Coup, vû qu'il reste deux Pions en prise, lorsque les Blancs sont à Dame. Les Blancs ont avancé de 33 à 28, et les Noirs de 18 à 23 : c'est une faute, attendu le Coup de Remise qui se présente.*

N. 9, 19, 20, 21, 23, 24, 27.

B. 28, 32, 34, 37, 38, 39.

EXÉCUTION.

LES BLANCS.	LES NOIRS.
1.er C. de 34 à 30	de 24 à 35 prend.
2.e de 38 à 33	de 27 à 29 prend 2.
3.e de 39 à 34	de 23 à 41 prend 2.
4.e de 34 à 3 prend 3.	Partie remise.

Position instructive.

N.º 24. *Position de huit Noirs, et de huit Blancs qui jouent et gagnent.*

N. 8, 10, 12, 13, 18, 25, 31, 37.

B. 23; 29, 30, 34, 35, 42 47, 49.

EXÉCUTION.

LES BLANCS.	LES NOIRS.
1.er C. de 30 à 24	de 37 à 48 prend.
2e. de 23 à 19	de 48 à 30 prend.
3.e de 29 à 23	de 18 à 20 prend 2.
4e. de 35 à 4 P. 3 à d.e .	de 13 à 24 prend.
5.e de 4 à 36 prend .	Ainsi les Noirs ont perdu.

Cette fin de partie est agréable et instructive.

La disposition du coup est le Blanc 43 42, et le Noir 32 à 37. Coup très fin de la part du joueur des Blancs.

Nº. 25. *POSITION de Lunettes, composée de huit Noirs, dont une Dame, et de neuf Blancs qui gagnent.*

N. 1, 3, 11, 14, 16, 24, 25, 32 [dame].

B. 12, 18, 27, 34, 35, 38, 39, 40, 48.

EXÉCUTION.

LES BLANCS.	LES NOIRS.
1.ᵉʳ C. de 12 à 7	de 1 à 23 prend 2.
2.ᵉ de 35 à 30	de 24 à 42 prend 4.
3.ᵉ de 48 à 10 prend 4.	de 11 à 17.
4.ᵉ de 10 à 5 à dame .	de 3 à 9.

La partie est forcée perdue pour les Noirs. Leur perte vient d'avoir porté la Dame de 37 à 32. Il falloit la mettre à 26, plutôt que D'ESSAYER DES LUNETTES.

N.o 26.   P O S I T I O N.

Un Pion noir contre trois Blancs, dont une Dame.
(les Blancs jouent et gagnent.)

N. 40.

B. 8 [dame], 14, 33.

E X E C U T I O N.

LES BLANCS.	LES NOIRS.
1er. C. de 8 à 2 à dame .	de 40 à 44.
2.e de 2 à 16	de 44 à 50 à dame.
3.e de 16 à 32	de 50 à 10. prend 2
	où on voudra.

Les Noirs ont perdu. Cette fin de partie est instructive.

N°. 27.

N.º 27. *Belle fin de partie de trois Noirs, et de trois Blancs, dont une Dame, qui jouent et gagnent par les Temps (Fin de partie de première force.).*

N. 12, 28, 37.

B. 29, 38, 49 (dame).

EXECUTION.

LES BLANCS.	LES NOIRS.
1.er C. de 29 à 23	de 28 à 19 prend.
2.e de 38 à 32	de 37 à 28 prend.
3.e de 49 à 21	de 12 à 18.
4.e de 21 à 27	de 18 à 23.
5.e de 27 à 38	de 19 à 24.
6.e de 38 à 20 prend .	de 28 à 32.
7.e de 20 à 15	de 23 à 28.
8.e de 15 à 42	de 32 à 37.
9.e de 42 à 26 prend .	de 28 à 33.
10.e de 26 à 21	de 33 à 39.
11e. de 21 à 49	

Lorsque la Dame est parvenue à 38, les Noirs ont perdu forcé, de tel côté qu'ils jouent.

E

N.º 28. *Position de six Noirs, dont une Dame, et de neuf Blancs qui jouent et gagnent la partie sur le coup : posi ion singulière et rare.*

N. 2, 11, 29, 35, 36, 45 [dame].

B. 26, 32, 38, 39, 43, 44, 46, 48, 49.

EXECUTION.

LES BLANCS.	LES NOIRS.
1.ᵉʳ C. de 39 à 34	de 29 à 40 prend.
2.ᵉ de 46 à 41	de 36 à 47 P. et à D.ᵉ
3.ᵉ de 26 à 21	de 47 à 50 prend 2.
4.ᵉ de 21 à 17	de 11 à 22 prend.
5.ᵉ de 32 à 28	de 22 à 33 prend.
6.ᵉ de 43 à 39	de 33 à 44 prend.
7.ᵉ de 48 à 43	de 2 à 7.
8.ᵉ de 43 à 38	de 7 à 12.
9.ᵉ de 38 à 32	de 12 à 17.
10.ᵉ de 32 à 27	P. pʳ les Noirs, qui sont enfermés.

Deux Dames et trois Pions tenus par un seul, c'est une singulière position, qui peut servir d'exemple dans d'autres, qui se rencontrent sous différentes figures. Dans celle-ci, ce sont neuf Pions qui en enferment trois et deux Dames.

N.º 29. *Belle Position* (de première force), *de cinq Noirs, et de cinq Blancs qui jouent et gagnent par les Temps.*

J'invite les Amateurs à n'avoir recours à l'exécution que lorsqu'ils ne pourront pas gagner.

N. 2, 10, 19, 35, 26.

B. 29, 33, 47, 49, 50.

EXÉCUTION.

LES BLANCS.	LES NOIRS.
1.er C. de 49 à 44	de 10 à 15.
2.e de 44 à 40	de 35 à 44 prend.
3.e de 50 à 39 prend .	de 2 à 8
4.e de 29 à 23	de 19 à 28 prend.
5.e de 33 à 22 prend .	de 8 à 12.
6.e de 39 à 34	de 15 à 20.
7.e de 34 à 29	de 26 à 31.
8.e de 47 à 41	de 20 à 25.
9.e de 29 à 24	de 31 à 36.
10.e de 41 à 37. Ainsi se termine la partie.	

Le gain de la partie du joueur des Blancs vient d'avoir joué le Pion 49 à 44, et les Noirs de 5 à 10 ; et c'est l'UNE pour UNE de 44 à 40, qui donne le coup aux Blancs.

Cette fin de partie est savante et instructive.

E 2

N.º 30. *Position de dix Noirs, et de dix Blancs qui gagnent.*

N. 4, 7, 8, 11, 12, 13, 16, 17, 22, 25.
B. 24, 26, 31, 32, 33, 34, 36, 38, 42, 43.

EXÉCUTION.

LES BLANCS.	LES NOIRS.
1.er C. de 34 à 30	de 25 à 34 prend.
2.e de 33 à 29	de 34 à 23 prend.
3.e de 32 à 28	de 23 à 32 prend.
4.e de 38 à 9 prend 3 .	de 4 à 13 prend.
5.e de 24 à 20	de 13 à 19.
6.e de 20 à 15	de 19 à 24.
7.e de 15 à 10	de 24 à 30.
8.e de 43 à 39	de 30 à 35.
9.e de 39 à 34	de 16 à 21.
10.e de 10 à 5 à Dame .	de 12 à 18.

Il ne faut pas être d'une grande force, pour gagner cette fin de partie, attendu que les Noirs n'ont aucune ressource, pas même d'aller à Dame.

Quoique les Noirs ayent une mauvaise position, c'est une faute d'avoir avancé le Pion 18 à 22. Il falloit avancer de 4 à 10 ;

ç'eût été moins mauvais ; et le joueur des
Blancs ne seroit pas allé à Dame si avanta-
geusement. Il faut savoir sacrifier un Pion
à propos, pour gagner la partie.

Ce coup est instructif, et assez joli.

LE COUP DE PISTOLET.

N.º 31. *Superbe Position de dix Noirs et de onze
Blancs , ayant chacun une Dame. (Les Blancs
gagnent par un beau coup.)*

N. 2, 5, 7, 8 [Dame.], 10, 11, 13, 16, 27, 36

B. 24, 28, 30, 34, 37, 38, 39, 44, 46 [Dame]
47, 49.

EXÉCUTION.

LES BLANCS.	LES NOIRS.
1.er C. de 28 à 22	de 27 à 18 prend.
2.e de 37 à 31	de 36 à 27 prend.
3.e de 46 à 14 . . .	de 10 à 19 prend.
4.e de 30 à 25 . . .	de 19 à 30 prend.
5.e de 38 à 32	de 27 à 38 prend.
6.e de 49 à 43	de 38 à 29 prend 3.
7.e de 25 à 3 P. 4 et à D.e	Perdu p.r les Noir.

Cette position est unique dans son genre,
vu que l'on ne s'attend pas que l'on va don-

ner la Dame. C'est, pour m'exprimer ainsi, un coup de pistolet tiré à propos.

Ce qui a formé le coup, c'est le Pion 42 à 37, et le Noir 9 à 13.

N.º 32. Belle Position d'un coup de Repos de 9 à 9, où les Blancs gagnent au troisième Temps.

N. 2, 3, 7, 10, 12, 15, 17, 18, 36.
B. 23, 24, 27, 28, 29, 31, 43, 47, 49.

EXECUTION.

LES BLANCS.	LES NOIRS,
1.er C. de 24 à 20	de 15 à 22 prend 3.
2.e de 47 à 42	de 18 à 29 prend.
3.e de 27 à 18 prend .	de 12 à 23 prend.
4.e de 42 à 38	de 36 à 27 prend.
5.e de 38 à 33	de 29 à 38 prend.
6.e de 43 à 1 prend 4 .	de 23 à 28.

La partie est perdue forcée.

La formation du coup est le Blanc 37 à 31, et le Noir 11 à 17.

On peut regarder ce coup comme un des plus beaux du Damier.

N.º 33. *Belle Position de huit Noirs, et de huit Blancs qui jouent gagnent ; mais on donneroit l'avantage aux Noirs par la disposition du jeu.*

N. 1, 3, 9, 10, 14, 19, 20, 26.

B. 11, 23, 28, 29, 30, 34, 47, 49.

EXECUTION.

LES BLANCS.	LES NOIRS.
1.er C. de 11 à 7	de 1 à 12 prend.
2.e de 28 à 22	de 19 à 17 prend 2.
3.e de 30 à 24	de 20 à 25.
4.e de 24 à 19	de 14 à 23 prend.
5.e de 29 à 7 prend 2.	de 9 à 13. de ma-

nière qu'il reste six Noirs contre quatre Blancs, et que les Noirs ont perdu forcé.

C'est une belle fin de partie.

Disposition du Jeu.

Les Blancs ont joué de 35 à 30, les Noirs de 13 à 19 ; ce qui a donné le passage aux Blancs, pour aller à Dame, en perdant deux Pions.

N.º 34. *Fin de partie de quatre Noirs, dont une Dame, et de quatre Blancs, qui en ont deux. (Les Blancs commencent la partie, et la gagnent.)*

EXÉCUTION.

LES BLANCS.   **LES NOIRS.**

N. 19 [Dame], 26, 31, 36

B. 4 [Dame], 42, 46, 47 [Dame].

1.er	C. de 42 à 37	de 19 à 41 prend.
2.e	de 46 à 37 prend .	de 31 à 42 prend.
3.e	de 47 à 29 prend .	de 36 à 41.
4.e	de 4 à 10	de 41 à 46 ou 47 à d.e
5.e	de 10 à 5 . De manière que la Dame noire est enfermée, et ne peut jouer sans perdre.	

Cette fin de partie est d'intsruction.

———

De l'Imprimerie de ROCHE et DATTE, fils, rue de la Planche - Mibray, N.º 20.

www.ingramcontent.com/pod-product-compliance
Lightning Source LLC
LaVergne TN
LVHW020006180726
843503LV00008B/3823